Inhalt

IT-Standort Deutschland - Die Einführung der Gesundheitskarte könnte die Branche nachhaltig stärken

Kernthesen

Beitrag

Fallbeispiele

Zahlen und Fakten

Weiterführende Literatur

Impressum

IT-Standort Deutschland - Die Einführung der Gesundheitskarte könnte die Branche nachhaltig stärken

Autor GENIOS BranchenWissen: M. Westphal

Kernthesen

- Die deutsche IT-Industrie besitzt eine hohe Reputation als innovativer und leistungsstarker Partner.
- Die Bundesregierung hat im Dezember 2006 auf dem IT-Gipfel beschlossen, initiativ große IT-Projekte anzustoßen, um die deutsche IT-Industrie zu stützen.

- Die Einführung der Gesundheitskarte wird das wohl größte deutsche IT-Projekt.
- Viele Unternehmen beginnen bereits, sich um die Aufträge dieses Großprojekts zu bemühen, da durch die erfolgreiche Bearbeitung dieses Projekts internationale Folgeaufträge erwartet werden.

Beitrag

Für den IT-Standort Deutschland sind hochinnovative und publikumswirksame Großprojekte wichtig, um die Reputation und damit Exportchancen zu wahren. Die Einführung der Gesundheitskarte ist das wohl größte und komplexeste IT-Projekt, welches auch international auf großes Interesse stößt.

Mit der "Gesundheitskarte" tritt das wohl größte deutsche IT-Projekt in die heiße Phase

Die Gesundheitskarte, schon 2003 von der Gesundheitsministerin Ulla Schmidt auf den Weg gebracht, stellt das bislang größte deutsche Projekt in der Informationstechnik dar. (7), (9)

Das Projekt soll die Funktion eines Leuchtturmprojektes übernehmen. So wurde es auf dem IT-Gipfel im Dezember vergangenen Jahres verkündet und so steht es auch im Koalitionsvertrag. Neben Milliarden-Einsparungen soll dieses Projekt auch exzellente Exportmöglichkeiten für High-Tech "made in Germany" eröffnen. (3)
Ihre Einführung ist eines der größten deutschen IT-Projekte. Zwar sollte die Chipkarte bereits Anfang 2006 in einigen Regionen in den Testbetrieb gehen, doch Probleme im Hinblick auf die notwendige durchgehende Datenverarbeitung verschoben den Start des ersten großen Feldversuchs in Flensburg auf Anfang Dezember 2006. Auch in Sachsen ist der Startschuss für einen Praxistest bereits gefallen. Etwa 10 000 Versicherte haben hier im Landkreis Löbau-Zittau ihre neue Karte erhalten. Im Jahre 2007 sollen weitere Regionen als Pilotprojekte starten unter ihnen die Städte Bochum, Essen, Heilbronn, Ingolstadt, Trier und Wolfsburg. (1), (8)

Wegweisende und erfolgreiche ITProjekte sind für den High-Tech-Standort Deutschland lebensnotwendig

Die öffentliche Hand bemüht sich im Rahmen ihrer IT-Initiative um die Einführung vieler komplexer und richtungweisender Projekte. Das LKW-Maut-System, Finanzsoftware, die Modernisierung der Bundeswehr-IT oder auch die Gesundheitskarte. Allen diesen Projekten ist eines gemeinsam, nämlich die relativ langsame Einführung, wobei die geplatzte Vergabe des geplanten digitalen Polizeifunks sicher einen negativen Höhepunkt darstellt. Gerade für ein Land, welches von Hochtechnologie und Innovationen lebt, sind diese IT-Projekte besonders wichtig. Es geht bei der erfolgreichen und zeitnahen Einführung solcher Projekte auch um das Ansehen des Hochtechnologiestandorts Deutschland. (2), (9)
Im Vergleich zu Deutschland gilt z. B. Österreich im Rahmen des E-Government in Europa als eines der führenden Länder. Gemäß einer Untersuchung der Europäischen Kommission zählt Österreich im Bereich öffentlich erbrachter Dienste als Vorreiter in Europa. In der Alpenrepublik bündelte man bereits im Jahre 2001 die Verantwortung für die staatliche Informations- und Kommunikationspolitik in einem Gremium, welches in der freien Wirtschaft dem Chief Information Officer entsprechen würde. (2)
Ein solcher Chief Information Officer könnte auch in Deutschland helfen, die Verantwortung für eine einheitliche E-Government-Strategie zu bündeln, um peinliche Fehlschläge wie die LKW-Maut zu vermeiden. Auch das Projekt Gesundheitskarte würde

nicht im Bermuda-Dreieck Gesundheitsministerium, Krankenkassen und Ärzteverbände vor sich hin dümpeln. (2), (9)
Gerade nach Start der ersten Pilotprojekte nähren sich die Zweifel, ob die neue Gesundheitskarte wirklich im kommenden Jahr vollkommnen funktionsfähig sein wird. Auf diesen Termin will sich die zuständige Entwicklungsgesellschaft Gematik nicht festlegen. Man möchte hierbei dem Motto "Gründlichkeit vor Schnelligkeit" folgen. (1), (8)
Der Branchenverband Bitkom sieht in der erfolgreichen Einführung der Gesundheitskarte einen wichtigen Eckpfeiler für die Stärkung des Innovationsstandortes Deutschland, weshalb ihm die Einführung nicht schnell genug starten kann. Der Grund hierfür liegt in den Anstrengungen anderer Länder bei dem Aufbau von Telematikanwendungen im Gesundheitswesen, deren evtl. schnellere Einführung die Exportfähigkeit der deutschen Lösung stark einschränken könnte. (1)

Die Gesundheitskarte soll viele Verbesserungen im Gesundheitswesen ermöglichen

Auf der Gesundheitskarte befindet sich ein Foto des

Versicherten sowie ein Chip, der die umfangreichen Patientendaten speichern soll. Die Gesundheitskarte gilt als fälschungssicher. Die Kommunikation zwischen Ärzten, Kliniken und Apotheken soll sich mit ihrer Hilfe verbessern, die Bürokratie soll abgebaut, der Leistungsmissbrauch eingedämmt und so insgesamt die Kosten des Gesundheitswesens gesenkt werden.
Der bundesweite komplette Austausch der jetzigen Versicherungskarten ist für 2008 geplant. (1), (7)
Die Entwicklungskosten der Gesundheitskarte werden auf 1,8 Milliarden Euro beziffert und diese Investition soll sich nach fünf Jahren amortisiert haben. Die Lesegeräte in den Arztpraxen schlagen mit etwa 300 Euro zu Buche. (1)
Für die Einführung der Gesundheitskarte werden die Ärzte mit jeweils 6 200 Euro belohnt. Allerdings wird dieses Geld nicht in einem Betrag ausgezahlt, sondern ergibt sich aus den Beträgen, die langsam dadurch hereinkommen, dass die Ärzte aufgrund des Einsatzes der Karte ein wenig mehr Geld erhalten. (5)

Gegen die Einführung der Gesundheitskarte regt sich Widerstand

Das Land Bremen ist aus dem geplanten Feldversuch ausgestiegen bevor er überhaupt begonnen hatte, da die beteiligten Ärzte in der Einführung keinen Nutzen sehen. (3), (6)
Auch die Versammlung der Kassenärztlichen Vereinigung Hessen hat beschlossen aus der Einführung der Gesundheitskarte auszusteigen. Man rechnet damit, dass 90 Prozent der Ärzte in Hessen hierbei mitmachen werden, da kein Sinn darin gesehen wird, finanzielle Mittel für ein Projekt aufzuwenden, welches weder für Patienten noch Ärzte einen Nutzen aufweist. (5), (6)
Aber auch in Schleswig-Holstein und Sachsen, in denen schon erste Feldversuche laufen, regt sich Widerstand. Der Hauptkritikpunkt liegt in den mangelnden Funktionen der ausgegebenen Karten. (5)
Die Kassenärztliche Bundesvereinigung hält trotz der Kritik aus einigen Regionen an der Einführung der Karte fest. Man sieht in dem Ausstieg einzelner Bundesländer nur ein politisches Signal, welches durch Nachverhandlungen der Kostenbelastung für die einzelnen Beteiligten gelöst werden kann. (6)

Die Einführung der Gesundheitskarte ist ein IT-

Projekt, welche sich durch hohe Komplexität definiert

Die wohl größte Herausforderung dieses Projekts besteht in der Synchronisation der Vernetzung von 80 Millionen Versicherten, 120 000 Arztpraxen und 2 200 Krankenhäusern wie auch aller Zahnärzte, Apotheker und Krankenkassen. Hierzu müssen tausende von Kartenlesern und Programmen installiert und die Rechner miteinander verknüpft werden. (1)
Der Bürger erhält eine eindeutige Versichertennummer, die ihn sein ganzes Leben begleiten soll. Diese wird zunächst getestet, bevor dann in einem zweiten Schritt der Abgleich der Versichertendaten und die Speicherung der elektronischen Rezepte für die Apotheken erprobt wird. Gerade bei den Rezepten ist der Speicherort noch nicht bestimmt. Dieses könnte auf dem Kartenchip gespeichert werden wie aber auch auf einem Server im Netz. (1)
Bevor aber die bundesweite Einführung beginnen kann, müssen auch die Übermittlung von Arztbriefen sowie die Speicherung von Notfalldaten und Ergebnisse der Früherkennungsuntersuchungen auf dem Chip funktionieren. Ziel für einen späteren Termin ist, die Zustimmung des Versicherten vorausgesetzt, auch die Speicherung der verschriebenen Medikamente und mögliche

Unverträglichkeiten. (1)

Die IT-Industrie kämpft bei diesem höchst attraktiven Projekt um die Aufträge

Inzwischen ist aber auch der Kampf um die aus der Einführung der Gesundheitskarte resultierenden Aufträge ausgebrochen. So rechnet die Firma Gemalto, die weltweit führender Hersteller von Chipkarten ist, mit 20 35 Prozent des Auftragsvolumens. Wettbewerber von Gemalto sind das Münchener Familienunternehmen Giesecke & Devrient und Sagem-Orga. (4)
Aber die Gesundheitskarte ist für alle Anbieter von großer Bedeutung. Da es weltweit das größte Projekt seiner Art ist, geht es nicht nur um die etwa 80 Millionen deutschen Chipkarten, sondern eben auch um mögliche Aufträge in anderen Ländern. (4)

Fallbeispiele

Die Arztpraxen sind ständig mit dem Internet verbunden, weshalb viele Ärzte sich um den Datenschutz sorgenm. (8)

Gemalto ist durch seine eigene Forschung und Produktion in Deutschland hier sehr gut verankert und rechnet daher mit einem großen Auftragsvolumen von den Krankenkassen. Man ist vorbereitet, erste Karten sind bereits verkauft. (4) Gemalto ist im Sommer 2006 aus einer Fusion der Wettbewerber Gemplus und Axalto entstanden. Gemalte nimmt für sich in Anspruch, weltweit jede zweite Chipkarte zu liefern. In Europa ist der Marktanteil etwas niedriger, da es hier aufgrund vieler regionaler Anbieter nur gut 30 Prozent Anteil in diesem Markt besitzt. (4)

Zahlen & Fakten

Einer Studie der medizinischen Selbstverwaltung der Ärzte zu Folge lassen sich mit der Gesundheitskarte jährlich über 500 Millionen Euro einsparen, da Missbrauch schwieriger wird, Abrechnungen schneller erfolgen können und Doppelbehandlungen vermieden werden. (1)

Auch der Gesundheitsexperte der Verbraucherzentrale setzt darauf, dass Doppel- und

Dreifachuntersuchungen bei verschiedenen Ärzten und in Krankenhäusern vermieden werden könnten. So wird auch von Seiten der Verbraucherzentrale mit einem erheblichen Benefit gerechnet. Ebenso rechnet sie damit, dass Ärzte sich bei Befunden größere Mühe geben oder Behandlungen Spezialisten überlassen werden. (1)

Die Beratungsgesellschaft Booz-Allen-Hamilton hat ein Gutachten über den wirtschaftlichen Nutzen der Gesundheitskarte erstellt. Das im Juli vergangenen Jahres erstellte Gutachten wurde bis Ende November unter Verschluss gehalten. Grund für diese Geheimniskrämerei ist das ernüchternde Bild, welches dieses Gutachten aufzeigt. So sollen die Einsparungen unter optimalen Bedingungen nur geringfügig ausfallen. Ein realistisches Szenario spricht gar von einem Zeitraum von acht bis neun Jahren. Die Gründe hierfür liegen gemäß dem Gutachten in falschen Prioritäten, die die Politik gesetzt hat. Die Gesundheitskarte startet mit dem elektronischen Rezept, der Hauptnutzen würde aber in Funktionen liegen, die aus Datenschutzgründen freiwillig sind, oder für die noch überhaupt keine Spezifikationen vorliegen, nämlich in der elektronischen Patientenakte und dem elektronischen Arztbrief. Ebenso werden die Kosten der Einführung als weitaus höher, nämlich mit vier bis sieben Milliarden Euro beziffert. Diese Kosten werden von den gesetzlichen und privaten Krankenkassen und damit den Versicherten getragen. Den gesetzlichen Kassen bleibt bei der Einführung keine Wahl, denn sie sind gezwungen, die Karte einzuführen, genauso wie die gesetzlich Versicherten zu ihrer Nutzung verpflichtet sind, da sie ansonsten nicht behandelt würden. (3), (5)

Die privaten Krankenkassen können dagegen ihre Entscheidungen unter medizinischen und kaufmännischen Gesichtspunkten treffen. (3)

Marktforscher schätzen, dass im Jahre 2007 ungefähr 2,9 Milliarden Chipkarten produziert werden, wovon 70 Prozent Sim-Karten für Handys ausmachen. Finanzdienstleister geben 16 Prozent der Karten aus. Ebenso werden diese Chipkarten als Zugangskontrolle, Ausweis oder Skipass genutzt. Es ist ein hartes Geschäft mit niedrigen Margen. So schätzt Giesecke & Devrient, dass die Preise zuletzt jährlich um etwa 20 Prozent gefallen sind. Problem für die Hersteller ist, dass sie sich bei Standardprodukten wie Sim-Karten kaum noch voneinander unterscheiden können. Dieses ist einer der Hauptgründe, warum alle Anbieter sich gute

Ausgangspositionen im lukrativen Geschäft der Gesundheitskarte verschaffen wollen. (4)

Weiterführende Literatur

(1) IT-Branche hofft auf die Gesundheitskarte
aus Handelsblatt Nr. 6 vom 09.01.07 Seite 19

(2) Ein starker Mann Deutschland braucht IT-Großprojekte wie kaum ein anderes Land. Dennoch bleiben im Bürokratie- und Politdschungel wichtige Vorhaben stecken. Dabei geht es auch andersvon Martin Ottomeier
aus Financial Times Deutschland vom 05.01.2007, Seite 25

(3) Zum Leuchtturm fehlt der Mut
aus Financial Times Deutschland vom 04.01.2007, Seite MP19

(4) Gemalto setzt auf die Gesundheitskarte
aus Handelsblatt Nr. 250 vom 28.12.06 Seite 12

(5) "Hier droht ein Milliardengrab"
aus FOCUS, 18.12.2006; Ausgabe:51; Seite:013-013

(6) Ausstieg überschattetStart der Gesundheitskarte Flensburg beginnt Tests, aber Hessen zieht sich zurück
aus Financial Times Deutschland vom 14.12.2006,

Seite 32

(7) Aktuelles Lexikon
aus Süddeutsche Zeitung, 12.12.2006, Ausgabe Deutschland, S. 2

(8) Der gläserne Patient Der gläserne Patient Testlauf für die elektronische Gesundheitskarte - Erste Exemplare in Flensburg ausgegeben - Ärzte sind zum Teil noch skeptisch
aus DIE WELT, 12.12.2006, Nr. 290, S. 2

(9) Gesundheitskarte kommt Mitte 2008
aus Handelsblatt Nr. 238 vom 08.12.06 Seite 4

Impressum

IT-Standort Deutschland - Die Einführung der Gesundheitskarte könnte die Branche nachhaltig stärken

Bibliografische Information der deutschen Nationalbibliothek

Die Deutsche Nationalbibliothek verzeichnet diese Publikation in der deutschen Nationalbibliografie; detaillierte bibliografische Daten sind im Internet über http://dnb.d-nb.de abrufbar.

ISBN: 978-3-7379-2814-4

© 2015 GBI-Genios Deutsche Wirtschaftsdatenbank GmbH, Freischützstraße 96, 81927 München, www.genios.de

Alle Rechte vorbehalten. Dieses Werk ist einschließlich aller seiner Teile – z.B. Texte, Tabellen und Grafiken - urheberrechtlich geschützt. Jede Verwertung außerhalb der Grenzen des Urheberrechtsgesetzes bedarf der vorherigen Zustimmung des Verlags. Dies gilt insbesondere auch für auszugsweise Nachdrucke, fotomechanische Vervielfältigungen (Fotokopie/Mikroskopie), Übersetzungen, Auswertungen durch Datenbanken oder ähnliche Einrichtungen und die Einspeicherung und Verarbeitung in elektronischen Systemen.